CANAUX DE LA SIAGNE

ET DU

LOUP

(ALPES-MARITIMES)

CONCESSIONNAIRE :

LA SOCIÉTÉ LYONNAISE DES EAUX & DE L'ÉCLAIRAGE

(Siège Social à Paris)

ACTES CONSTITUTIFS

1866-1902

NICE

IMPRIMERIE ET LITHOGRAPHIE VENTRE FRÈRES

6, Rue de la Préfecture et Place de la Préfecture, 1

1903

CANAUX DE LA SIAGNE

ET DU

LOUP

(ALPES-MARITIMES)

ACTES CONSTITUTIFS

I

1866

DÉCRET DE CONCESSION

du 25 Août 1866

NAPOLÉON.

Par la grâce de Dieu et la volonté nationale, Empereur des Français,

A tous présents et à venir, salut ;

Sur la proposition de notre Ministre de l'Agriculture, du Commerce et des Travaux publics ;

Vu les avis du Conseil général des Ponts et Chaussées du 26 juillet 1851 et du 11 août 1853, sur deux avant-projets d'un Canal à dériver de la Siagne et à diriger vers la ville de Cannes, et les dépêches ministérielles des 30 août 1851 et 13 septembre 1853 relatives au même objet ;

Vu la délibération du conseil municipal de cette ville, en date du 13 avril 1861, relative à l'établissement du

Canal destiné à donner des eaux à ladite ville et à la subvention promise au nom de l'Etat ;

Vu la convention passée le 21 avril 1865 entre le Maire de Cannes et M. Sellier, administrateur de la Compagnie d'irrigation, réglant notamment le prix des eaux livrées quotidiennement à la ville ;

Vu, à la même date, le projet de convention à intervenir entre notre Ministre de l'Agriculture, du Commerce et des Travaux publics, d'une part :

Le Maire de Cannes, à ce autorisé par délibération du Conseil municipal du 20 avril 1865, d'autre part ;

Et le représentant de la Compagnie générale d'irrigation et de fourniture d'eau en France, d'autre part ;

Vu, avec la demande de concession du 22 août 1865, le projet présenté par ladite Compagnie avec les plan et profils à l'appui, ladite demande tendant à obtenir la concession d'un Canal dérivé de la Siagne et dont le volume est fixé, par l'article 1er du cahier des charges, à 3 mètres cubes, qui seraient réduits à 2 mètres cubes à l'étiage (pièce 28 du projet) ;

Vu, à la date des 29 septembre 1861 et 30 septembre 1863, le relevé des jaugeages exécutés pendant lesdites années dans la Siagne ;

Vu, sur ledit projet, les rapports des ingénieurs des Alpes-Maritimes des 28 octobre, 4 et 8 novembre 1865, avec plan, reuseignements sur les usines de la Siagne, jaugeage de la Siagne et du Loup, bordereau comparatif, prix proposés par l'ingénieur de la Compagnie avec ceux qu'il conviendrait d'y substituer ;

Vu, à la date du 21 novembre 1865, les observations de la Compagnie demanderesse, ensemble la délibération du 5 décembre 1865 du Conseil municipal de Cannes ;

Vu, à la date du 15 mars 1866, l'avis du Conseil général des Ponts et Chaussées, duquel il résulte qu'il y a lieu de soumettre à une enquête d'utilité publique le projet susvisé de la Compagnie demanderesse en concession, ensemble les instructions données à la date du 29 du même mois, par notre Ministre de l'Agriculture, du Commerce et des Travaux publics, aux Préfets du Var et des Alpes-Maritimes ;

Vu les pièces de l'enquête d'utilité publique ouverte, par arrêté du préfet des Alpes-Maritimes, en date du 4 avril 1866, dans les arrondissements de Grasse et de Nice, et notamment :

1º Le procès-verbal de l'enquête ouverte à Grasse le 10 avril par le sous-préfet, et close au même lieu le 10 mai au soir, avec les vingt-deux pièces jointes audit procès-verbal ;

2º Les délibérations des conseils municipaux du Cannet (18 avril), de Vence, de Grasse (11 et 12 mai), de Vallauris (12 mai), de Cabris et de Mouans-Sartoux (13 mai), et de Mandelieu (15 mai) ;

3º Le dossier des listes d'adhésion souscrites dans les communes d'Antibes, Cannes, du Cannet, Grasse, Mandelieu, Mouans-Sartoux, Mougins et Vallauris ;

4º Le procès-verbal, ouvert à Nice, le 10 avril, et clos le 10 mai, avec les dix-neuf pièces y annexées, savoir : notamment les délibérations des conseils municipaux du Broc, de la Colle, de la Gaude, de Saint-Paul-du-Var et de Villeneuve-Loubet ;

Vu l'arrêté du Préfet du Var, du 10 avril 1866, prescrivant l'ouverture d'une enquête d'utilité publique dans l'arrondissement de Draguignan, du 15 avril au 15 mai, avec les pièces à l'appui, notamment la délibération du conseil municipal de Mons ;

Vu les avis favorables des deux commissions d'enquête des 17, 24 mai, dans le département des Alpes-Maritimes, et du 21 mai, dans le département du Var ;

Vu : 1º le procès-verbal de conférence dressé entre les ingénieurs du service hydraulique des deux départements du Var et des Alpes-Maritimes (26, 30 juin, 15 juillet).

2º Le procès-verbal des 7-15 juillet 1866, des ingénieurs du département des Alpes-Maritimes ;

3º Le procès-verbal des conférences entre les ingénieurs civils et militaires des 28 juin, 2, 6 et 9 juillet ;

Vu les pétitions à Mons, directement adressées par divers habitants des communes de Grasse, Antibes, la Gaude, Gattières, le Broc, Carros, le Rouret, Saint-Cézaire, Saint-Jeannet et Vallauris ;

Vu également le mémoire de la Société agricole et horticole de Cannes et de l'arrondissement de Grasse ;

Vu l'avis favorable du Conseil général des Ponts et Chaussées, du 11 août 1866 ;

. Vu, à la date du 17 août, les observations de la Compagnie sur la réduction provisoire apportée au volume d'eau qu'elle a le droit de dériver ;

Vu la lettre du 17 août de notre Ministre de l'Intérieur ;

Vu, avec la traduction légale qui l'accompagne, le consentement du Conseil d'administration de la Compagnie anglaise, connue sous le nom de *General Irrigation and Water supply Company of France, limited*, au traité souscrit par MM. Dussard, Sellier et Marshall, les dites pièces enregistrées au ministère le 18 août 1866 ;

Vu la loi du 3 mai 1841 et l'ordonnance royale du 18 février 1831 ;

Notre Conseil d'Etat entendu ;

Avons décrété et décrétons ce qui suit :

ART. 1er. — Est approuvée la convention passée le 21 août 1866 entre le Ministre de l'Agriculture, du Commerce et des Travaux publics, d'une part ; le Maire de la Ville de Cannes (Alpes-Maritimes), à ce dûment autorisé par délibération du conseil municipal, d'autre part ; et les sieurs Hippolyte Dussard, Amédée Sellier et Frédéric Marshall, agissant au nom de la Compagnie anglaise *General Irrigation and Water supply Company of France, limited*, d'autre part ; ladite convention portant concession pendant cinquante ans à cette Compagnie, et à perpétuité ensuite à la Ville de Cannes, du Canal d'irrigation de la Siagne et du Loup, aux clauses et conditions stipulées tant dans cette convention que dans le cahier des charges ci-joint, lesquels seront tous deux annexés au présent décret.

ART. 2. — Les travaux du Canal de la Siagne et du

Loup sont déclarés d'utilité publique ; en conséquence, la Compagnie anglaise ci-dessus nommée est substituée aux droits comme aux obligations qui dérivent, pour l'administration, de la loi du 3 mai 1841.

ART. 3. — Le volume d'eau attribué aux concessionnaires par les articles 5 et 6 du cahier des charges ci-annexé n'est réglé qu'à titre provisoire. Il sera définitivement fixé par un décret ultérieur, après enquêtes nouvelles et après les jaugeages reconnus nécessaires.

ART. 4. — La subvention de 500.000 francs, stipulée dans la convention ci-annexée, sera imputée sur les fonds du ministère de l'Agriculture, du Commerce et des Travaux publics, chapitre XI du budget extraordinaire. (Travaux d'amélioration agricole).

ART. 5. — Notre Ministre de l'Agriculture, du Commerce et des Travaux publics, est chargé de l'exécution du présent décret, qui sera inséré au *Bulletin des lois*.

Fait au palais de Saint-Cloud, le 25 août 1866.

NAPOLÉON.

Par l'Empereur :

Le Ministre d'État, chargé de l'intérim
du Ministère de l'Agriculture du Commerce
et des Travaux publics,

E. ROUHER.

CONVENTION DU 21 AOUT 1866

annexée au décret du 25 août 1866.

L'an mil huit cent soixante-six, le vingt-et-un août,
Entre le Ministre de l'Agriculture, du Commerce et des
Travaux publics, agissant au nom de l'Etat, sous réserve
de l'approbation des présentes par décret de l'Empereur,

D'une part ;

M. Méro, Maire de la Ville de Cannes, chevalier de
l'ordre impérial de la Légion d'Honneur, stipulant au nom
de ladite ville, et en vertu de la délibération du conseil
municipal, en date du vingt avril mil huit cent soixante-
cinq,

D'autre part ;

Et MM. Hippolyte Dussard, Amédée Sellier et Frédéric Marshall, agissant au nom et comme spécialement dé-
légués par la Compagnie anglaise dénommée *General Irrigation and Water supply Company of France, limited,*
dont les bureaux sont à Paris, 3, square Clary, et ce en
vertu de la délibération du Conseil d'administration de ladite Compagnie, en date du cinq juin mil huit cent soixante-
six, ci-annexée en original et en traduction, le tout dûment
légalisé,

D'autre part ;

A été convenu ce qui suit :

ARTICLE Ier. — Le Ministre de l'Agriculture, du Commerce et des Travaux publics au nom de l'Etat concède à
la ville de Cannes et à la Compagnie d'irrigation, qui
l'acceptent, un Canal d'irrigation à dériver de la Siagne,
aux clauses et conditions du cahier des charges ci-annexé.

Art. 2. — Ce Canal appartiendra :

Pendant les cinquante premières années de son exploitation à la Compagnie d'irrigation.

A perpétuité, après ces cinquante premières années, à la Ville de Cannes.

Art. 3. — Tous les frais à faire pour l'établissement du canal, à quelque titre que ce soit, seront supportés par la Compagnie d'irrigation, à ses risques et périls, sans qu'elle puisse réclamer de la ville la moindre participation.

Elle supportera également seule, pendant les cinquante premières années de l'exploitation du Canal, les frais d'administration, d'entretien, de réparations et tous ceux généralement quelconques résultant de son fonctionnement.

Ces frais seront à la charge de la Ville après cinquante ans.

Art. 4. — Le Ministre de l'Agriculture, du Commerce et des Travaux publics, au nom de l'Etat, s'engage à payer à la Compagnie d'irrigation, à titre de subvention pour l'établissement du Canal énoncé à l'art. Ier, la somme de 500.000 francs.

Les époques des paiements de à-comptes successifs et du solde de ladite subvention seront réglées par décisions ministérielles.

Art. 5. — La Compagnie d'irrigation percevra à son profit exclusif, pendant cinquante ans, les produits du Canal, redevances ou autres, sous quelque forme qu'ils se présentent.

Les redevances qui seraient souscrites postérieurement à la mise en exploitation du Canal appartiendront à la Compagnie pendant cinquante ans, quelle que soit l'époque de la souscription.

Après cinquante ans, les produits du Canal appartiendront à la ville de Cannes, et la Compagnie n'aura plus aucun droit de propriété ou d'immixtion dans le Canal ; elle n'aura aucune indemnité à recevoir de la ville, et sera en même temps déchargée de toutes obligations.

La remise du Canal à la ville s'effectuera alors dans les mêmes conditions que les chemins de fer faisant retour à l'Etat à la fin des concessions.

ART. 6. — L'eau livrée quotidiennement à la Ville pour les besoins des services publics sera payée deux francs par mètre cube.

ART. 7. — Pour faciliter à la Compagnie la reconstitution du capital employé par elle à l'établissement du Canal et à la distribution d'eau dans la commune, la Ville de Cannes sera tenue, dès que la Compagnie lui en fera la demande, de contracter au Crédit foncier de France, par application de la loi du 6 juillet 1860, soit pendant la construction des travaux, soit après leur achèvement, un ou plusieurs emprunts successifs dont l'intérêt, l'amortissement et les frais ne pourront dépasser par années le total des redevances souscrites par les usagers de l'eau,et dont la durée sera calculée sur celles des redevances.

Mais toutes les redevances ne pourront être ainsi capitalisées ; il sera réservé sur leur total une somme de 40,000 francs par année. pour parer aux frais d'administration, d'entretien et autres.

Le montant des emprunts sera remis à la Compagnie, sauf si ces emprunts sont contractés avant l'achèvement des travaux, cas auquel les fonds ne pourront être remis à la Compagnie qu'après cet achèvement, de manière à ce que lesdites redevances soient dues et exigibles et que toutes les éventualités d'exécution aient complètement disparu.

Pour assurer le service des emprunts, les redevances devront être absolument disponibles, et la Ville est dès aujourd'hui substituée à la Compagnie pour percevoir, pendant le temps déterminé par la Compagnie pour la durée des emprunts, toutes lesdites redevances des usagers du Canal.

La ville les appliquera d'abord au paiement des annuités des emprunts et ensuite aux dépenses d'administration et d'entretien, telles que ces dernières auront été fixées chaque année par la Compagnie et sur des mandats signés par elle. Le surplus des redevances qui resterait alors disponible serait remis par la ville à la Compagnie

ART. 8. — La présente convention et le cahier des charges qui y est annexé ne seront passibles que du droit fixe d'un franc.

Approuvé l'écriture ci-dessus :

Le Maire de la ville de Cannes,

MÉRO.

Approuvé l'écriture :   Approuvé l'écriture :   Approuvé l'écriture :

A. SELLIER.   F. MARSHALL.   H. DUSSARD.

Le Ministre d'Etat, chargé de l'intérim du Ministère de l'Agriculture, du Commerce et des Travaux publics.

E. ROUHER.

CAHIER DES CHARGES

(annexé au décret du 25 août 1866)

ARTICLE PREMIER.

La Compagnie s'engage à exécuter, à ses frais, risques et périls tous les travaux du Canal à dériver de la Siagne (Alpes-Maritimes), pour irrigation, distribution d'eau dans les communes et mise en jeu d'usine.

ART. 2.

Ce nouveau Canal aura son origine sur la rivière de la Siagne, en amont de l'embouchure de la Siagnole, à un point qui sera fixé ultérieurement par l'administration supérieure. lors de la présentation du projet définitif.

Il se composera d'un canal principal et de canaux secondaires desservant tout ou partie des territoires des communes de Saint-Cézaire, Le Tignet, Cabris, Grasse, Mouans, Mougins, Cannes, le Cannet, Vallauris et Antibes.

Il comprendra aussi une dérivation de la Siagnole établie de manière à conduire les eaux de ce cours d'eau au-dessus de la prise dans la Siagne.

Enfin, il sera alimenté par une dérivation du Loup, ayant son origine près de Courmes, à un point qui sera ultérieurement fixé par l'administration, et rejoignant le canal principal près de Grasse, après avoir desservi tout ou partie des territoires des communes du Bar, de Châteauneuf et de Grasse.

Le canal-mère, les dérivations et les canaux secondaires sont figurés par un trait rouge sur le plan général, qui demeurera annexé au présent cahier des charges.

Le tracé du canal principal et des canaux secondaires sera fixé ultérieurement par l'administration, lors de la présentation du projet définitif.

Les concessionnaires seront tenus, en outre, de construire et d'entretenir à leurs frais tous les canaux tertiaires ou petites rigoles destinés à amener les eaux d'irrigation en tête de chaque propriété à irriguer.

ART. 3.

Le canal principal devra être entièrement terminé et mis en état d'être exploité dans un délai de deux ans, à partir du décret de concession, sauf le cas de force majeure.

La Compagnie ne sera obligée de commencer chaque canal secondaire ou tertiaire que lorsque les souscriptions pour irrigations à faire par ce canal donneront une somme de redevances au moins égale à 6 p. 100 d'un capital évalué comme il suit : 8 fr. par mètre courant pour un canal secondaire; 3 fr par mètre courant pour un canal tertiaire.

Les travaux d'un canal secondaire ou tertiaire, une fois commencés, devront être terminés dans un délai de deux ans.

Les conduites de distribution dans la ville de Cannes seront immédiatement établies de façon à desservir les voies publiques indiquées, d'accord entre la Ville et la Compagnie. Pour les autres voies publiques comprises dans le périmètre, la Compagnie ne sera tenue à établir des conduites de distribution qu'autant qu'il lui sera fait des demandes de concessions dont le produit total et annuel représentera un quart de la dépense de canalisation ; au delà de ce périmètre, et jusqu'à celui de l'octroi, les demandes de concession devront atteindre les deux tiers de la dépense de canalisation.

Les eaux destinées à la distribution dans la ville de Cannes seront conduites dans trois réservoirs situés : un, à la Bocca ; un autre, sur la route de Grasse ; le troisième, en face de la Croisette.

Ces réservoirs devront contenir ensemble, pendant la nuit, un volume d'au moins 5,000 mètres cubes.

A partir des réservoirs d'alimentation, les eaux seront distribuées dans la ville, au moyen de tuyaux ayant les dimensions suffisantes pour assurer le service

La Compagnie établira des bornes-fontaines à distribution intermittente aux endroits qui seront ultérieurement indiqués par l'administration.

Leur nombre est fixé à 40.

Elle établira également des bouches d'arrosage et d'incendie, dont le nombre est fixé à 200.

L'entretien des bornes-fontaines et des bouches d'arrosage et d'incendie sera moitié à la charge de la Ville et moitié à la charge de la Compagnie.

Le puisage aux bouches d'arrosage est formellement interdit ; celui aux bornes-fontaines, établies comme il est dit au paragraphe précédent, sera restreint aux usages domestiques.

En sus du nombre des bornes-fontaines fixé ci-dessus, dix fontaines monumentales pourront être élevées par l'administration municipale, et à ses frais, sur les points qui seront ultérieurement désignés.

La Ville s'interdit la faculté de céder telle partie de l'eau fournie aux fontaines monumentales, dont elle pourra seulement disposer pour le lavage des égouts, des urinoirs et vespasiennes, et l'arrosage des squares et jardins publics.

Le puisage y sera également interdit aux particuliers.

Toutes les sources dont peut disposer actuellement la ville de Cannes devront être appliquées exclusivement au nettoyage des égouts, dès que la Compagnie sera en mesure de fournir à la ville 1,000 mètres cubes d'eau par 24 heures.

La Compagnie est autorisée à distribuer les eaux du puits de la Foux. La canalisation servant actuellement à cette distribution sera admise à faire partie de la canalisation définitive, après qu'elle aura subi les modifications qui seront reconnues nécessaires, et la Compagnie prendra à sa charge les dépenses utiles faites par la Ville de Cannes, pour l'exécution de cette distribution provisoire.

Art. 4.

A dater du décret de concession, la Compagnie devra soumettre à l'administration supérieure, dans un délai de trois mois, en se conformant aux indications des articles précédents, le projet définitif et général des travaux à exécuter pour la construction du canal-mère, dont les travaux doivent être terminés dans le délai de deux ans fixé à l'article précédent.

Ces projets comprendront :

Un plan à l'échelle d'un vingt millième sur lequel sera indiqué le tracé dudit canal et desdits canaux secondaires ;

Un profil en long suivant l'axe de ces mêmes canaux ;

Un certain nombre de profils en travers ;

Le tableau des pentes ;

Les dessins des principaux ouvrages d'art, notamment de la prise d'eau ;

Enfin, un devis explicatif des ouvrages.

Les projets des canaux secondaires et rigoles d'arrosage dans les territoires de distribution d'eau dans les communes pourront être exécutés avec la seule approbation du Préfet du département, sur le rapport de l'Ingénieur en Chef des Ponts et Chaussées.

Toutefois, si l'exécution des travaux devait donner lieu à des acquisitions de terrains nécessitant l'expropriation pour cause d'utilité publique, les projets seraient soumis à l'approbation du Ministre des Travaux publics.

La Compagnie sera autorisée à prendre copie des plans, nivellement et devis, qui ont été dressés aux frais de l'Etat ou du département, sans avoir à rembourser les dépenses faites.

En cours d'exécution, la Compagnie aura la faculté de proposer les modifications qu'elle pourra juger utile d'introduire ; mais ces modifications ne pourront être exécutées que moyennant l'approbation et le consentement formel de l'autorité qui aura approuvé les projets.

Art. 5.

Le volume d'eau à dériver de la Siagne et de la Siagnole est fixé à mille litres par seconde.

Toutefois, la Compagnie devra toujours laisser au moins trois cents litres dans le lit de la Siagne.

L'administration se réserve le droit de prélever, dans le département du Var, un volume d'eau de trois cents litres par seconde sur le débit de la Siagnole, pour en faire l'objet d'une concession spéciale.

Art. 6.

Le volume à dériver du Loup est fixé à neuf cents litres par seconde. Toutefois, la Compagnie devra toujours laisser au moins trois cents litres dans le lit de cette rivière.

Art. 7.

Les eaux de colature et de versure appartiendront aux concessionnaires, qui en disposeront comme bon leur semblera, à charge, toutefois, de les contenir dans des canaux distincts des cours d'eau naturels.

Art. 8.

La Compagnie devra construire et entretenir à ses frais des ponts dans tous les endroits où, par suite de ses travaux, les communications existantes se trouveraient interceptées.

La largeur de ces ponts sera fixée à neuf mètres (9^m00) au moins entre les parapets, pour les routes impériales, pour les routes départementales et pour les chemins de fer ; à cinq mètres (5^m00) pour les chemins de grande communication ; et à quatre mètres (4^m00) pour les chemins vicinaux.

Ces ponts seront en maçonnerie hydraulique.

Art. 9.

S'il y a lieu de déplacer les routes existantes, la déclivité des pentes et rampes, sur les nouvelles directions, ne

pourra excéder trois centimètres (0ᵐo3) par mètre pour les routes impériales et départementales et cinq centimètres (0ᵐo5) pour les chemins vicinaux.

L'administration restera libre, toutefois, d'apprécier l es circonstances qui pourraient motiver une dérogation à la règle précédente.

ART. 10.

Les ponts à construire à la rencontre des routes impériales et départementales ou des chemins de fer ne pourront être entrepris qu'en vertu des projets approuvés par l'administration supérieure.

Le Préfet du département, sur l'avis de l'Ingénieur en Chef des Ponts et Chaussées et après les enquêtes d'usage, pourra autoriser les déplacements des chemins vicinaux et la construction des ponts à la rencontre de ces chemins.

ART. 11.

La Compagnie sera tenue de rétablir et d'assurer à ses frais l'écoulement de toutes les eaux dont le cours serait arrêté, suspendu ou modifié par les travaux exécutés par elle.

Les aqueducs, buses, ponts-canaux qui seront construits à cet effet, seront en maçonnerie hydraulique ou en fer.

Elle sera tenue, en outre, de prendre les dispositions qui seront prescrites par l'administration pour arrêter, autant que possible, les filtrations d'eau qui pourraient se faire à travers le Canal et empêcher ces filtrations de nuire aux parties basses des territoires.

ART. 12.

Les barrages, déversoirs et prises d'eau du Canal seront également en maçonnerie hydraulique ou en fer.

ART. 13.

A la rencontre des routes impériales ou départementales et autres chemins publics, la Compagnie sera tenue de prendre toutes les mesures ou de payer tous les frais nécessaires pour que les communications n'éprouvent ni interruption ni entrave pendant l'exécution des travaux. A cet effet, des routes et ponts seront construits, par les soins et aux frais de la Compagnie, partout où cela sera jugé nécessaire.

Avant que les communications existantes puissent être interceptées, les Ingénieurs des localités devront reconnaître et constater si les travaux provisoires présentent une solidité suffisante, et s'ils peuvent assurer le service de la circulation.

Un délai sera fixé pour la durée de l'exécution de ces travaux provisoires.

Art. 14.

Dans le cas où le Canal ou ses branches devraient traverser des chemins de fer, les aqueducs ou les siphons qui seront construits à cet effet devront être établis de manière à ne jamais interrompre la circulation sur lesdits chemins de fer. La Compagnie sera tenue, en outre, à toutes les dispositions qui seront prescrites par l'autorité administrative dans l'intérêt de la conservation du chemin de fer et de la sûreté du passage.

Art. 15.

La Compagnie pourra employer, dans les travaux de maçonnerie dépendant de son entreprise, les matériaux communément en usage dans les travaux publics de la localité. Toutefois, les têtes de voûte, les angles, socles, couronnements et extrémités de radiers seront en pierre de taille, ou tout au moins en moellons de choix proprement taillés.

Art. 16.

Tous les terrains destinés à servir d'emplacement au Canal et à ses dépendances et aux branches principales ainsi qu'au rétablissement des communications déplacées ou interrompues et des nouveaux lits de cours d'eau, seront achetés et payés par la Compagnie.

Il est fait toutefois exception pour les terrains appar-

4.

tenant à la Ville de Cannes, cette ville en concédant à la Compagnie la disposition gratuite en tant que l'occupation de ces terrains serait nécessaire pour l'établissement des conduites, réservoirs et dépendances.

La ville de Cannes concède à la Compagnie le privilège exclusif d'établir des conduites de distribution d'eau sur ou sous le sol des rues, places, chemins et voies publiques de la commune de Cannes.

Les indemnités dues pour l'établissement des rigoles de distribution des eaux d'arrosage ou pour obtenir le passage de ces eaux sur les fonds intermédiaires, à titre de simple servitude, seront aussi payées par la Compagnie, à qui les propriétaires donneront, dans les actes définitifs d'engagement, les pouvoirs nécessaires pour qu'elle puisse réclamer en leur nom l'application de la loi du 29 avril 1845.

Les indemnités pour occupation temporaire ou détérioration de terrain, pour chômage, modification ou destruction d'usine, pour tout dommage quelconque résultant des travaux, seront supportés et payés par la Compagnie.

Art. 17.

L'entreprise du nouveau Canal et de toutes ses dépendances étant déclarée d'utilité publique, les concessionnaires sont substitués aux droits et obligations que la loi du 3 mai 1841 confère à l'administration pour l'exécution des travaux publics. Ils jouiront aussi, pour la construction et l'entretien du Canal et de toutes ses dépendances, en ce qui concerne l'extraction, le transport et le dépôt de terres et matériaux, des privilèges accordés par les lois et règlements aux entrepreneurs de travaux publics, à charge par eux d'indemniser à l'amiable les propriétaires, et, en cas de non-accord, d'après les règlements qui seront arrêtés par le Conseil de préfecture, sauf recours au Conseil d'Etat.

Art. 18.

La Compagnie exécutera les travaux par des moyens et des agents de son choix, mais en restant soumise au contrôle et à la surveillance de l'administration.

Pour les travaux de canalisation à exécuter dans la ville de Cannes, aucun travail de tranchée ne sera fait qu'après avis préalable donné à l'administration municipale. L'exécution de ces travaux sera soumise aux règles imposées par la Ville à ses entrepreneurs de travaux exécutés sur la voie publique.

Pendant un an, les réparations du pavé des rues et places nécessitées par les travaux de la Compagnie seront faites par elle et à ses frais, sous la surveillance des agents des ponts et chaussées en ce qui concerne la grande voirie, et des agents de la Ville en ce qui concerne la voirie urbaine.

La Compagnie est responsable des dommages résultant des conduites et des travaux qu'elle aura exécutés.

ART. 19.

Après l'achèvement total des travaux construits par la Compagnie, il sera procédé à leur réception par un ou plusieurs commissaires que l'administration désignera. Le procès-verbal du ou des commissaires désignés ne sera valable qu'après l'homologation par l'administration supérieure.

La Compagnie fera faire, en outre, à ses frais, un bornage contradictoire et un plan cadastral du Canal entier et de toutes ses branches et dépendances. Elle fera dresser, également à ses frais et contradictoirement avec l'administration, un état descriptif des ponts, aqueducs et autres ouvrages d'art qui pourront exister à cette époque sur tout le parcours du Canal et de ses dépendances.

Une expédition, dûment vérifiée, des procès-verbaux de bornage, du plan cadastral et de l'état descriptif, sera déposée aux frais de la Compagnie, dans les archives de la préfecture et de l'administration des Ponts et Chaussées.

ART. 20.

Le Canal entier, ses branches et toutes ses dépendances seront constamment entretenus en bon état.

Dans la saison d'arrosage, le Canal sera constamment alimenté de manière à pouvoir fournir aux propriétaires les quantités d'eau pour lesquelles ils auront souscrit, sans toutefois dépasser en temps d'étiage le volume concédé.

Il devra aussi contenir le volume d'eau nécessaire pour assurer pleinement et entièrement le service général de distribution d'eau dans les communes ; il devra pouvoir notamment débiter quotidiennement sur le territoire de Cannes un minimum de 15,000 mètres cubes d'eau, sur lesquels 4,000, et au maximum 5,000, devront être employés aux usages municipaux. L'excédant sera affecté aux fournitures des particuliers et au besoin des communes voisines, et la Compagnie aura la faculté d'utiliser, pour cet objet, les travaux exécutés pour la commune de Cannes.

L'état dudit Canal, de ses branches et de ses dépendances sera reconnu annuellement, et plus souvent en cas d'urgence ou d'accident, par un ou plusieurs commissaires que désignera l'administration.

Les frais d'entretien, d'alimentation, et ceux de réparation, soit ordinaires, soit extraordinaires; resteront entièrement à la charge des concessionnaires.

Pour ce qui concerne cet entretien, cette alimentation et les réparations, les concessionnaires demeurent soumis au contrôle et à la surveillance de l'administration.

Si le Canal, une fois achevé, n'est pas constamment entretenu en bon état dans toute sa longueur et ses dépendances, et suffisamment alimenté, il y sera pourvu d'office, et à la diligence de l'administration et aux frais des concessionnaires, sans préjudice, s'il y a lieu, de l'application des dispositions indiquées ci-après dans l'article 22. Le montant des avances faites sera recouvré au moyen de rôles que le Préfet rendra exécutoires.

Art. 21.

Si, dans le délai d'un an, à dater du décret de concession, la Compagnie ne s'est pas mise en mesure, par suite d'insuffisance des souscriptions d'arrosage ou par tout autre motif de commencer les travaux qu'elle est chargée d'exécuter, et si elle ne les a pas effectivement commencés, elle sera déchue de plein droit, et sans qu'il y ait lieu à aucune mise en demeure ni notification quelconque, de tous les droits qui lui sont conférés par la présente concession.

ART. 22.

Faute par la Compagnie d'avoir achevé le Canal principal dans le délai de deux ans, fixé par l'article 3 ; faute par elle d'obtempérer aux réquisitions qu'il y aura lieu de lui adresser plus tard, à l'effet de faire construire les autres canaux que pourraient réclamer les besoins des populations ; faute aussi d'avoir rempli les diverses obligations qui lui sont imposées par le présent cahier des charges, elle encourra la déchéance et il sera pourvu à la continuation et à l'achèvement des travaux, comme à l'exécution des autres engagements par elle contractés, au moyen d'une adjudication ouverte sur une mise à prix des ouvrages déjà exécutés, des matériaux approvisionnés, et des parties du Canal déjà livrées à l'exploitation, déduction faite des subventions que la Compagnie pourrait avoir reçues.

Cette adjudication sera prononcée au profit de celui des nouveaux concessionnaires qui après avoir fourni un cautionnement, dont le montant sera fixé par le Ministère de l'Agriculture, du Commerce et des Travaux publics, offrira la plus forte somme pour les objets compris dans la mise à prix.

Les soumissions pourront être inférieures à la mise à prix.

Le nouveau concessionnaire sera soumis aux clauses du présent cahier des charges, et la Compagnie évincée recevra de lui le prix que la nouvelle adjudication aura fixé.

Si l'adjudication ouverte n'amène aucun résultat, une seconde adjudication sera tentée sur les mêmes bases, après un délai de trois mois ; si cette seconde tentative reste également sans résultat, la Compagnie sera définitivement déchue de tous droits, et alors les ouvrages exécutés, les matériaux approvisionnés et les parties du Canal déjà livrées à l'exploitation appartiendront à l'Etat.

Art. 23.

Si l'exploitation du Canal vient à être interrompue en totalité ou en partie, l'Administration prendra immédiatement, aux frais et risques des concessionnaires, les mesures nécessaires pour assurer le service.

Si, dans les trois mois de l'organisation du service provisoire, les concessionnaires n'ont pas valablement justifié qu'ils sont en état de reprendre et de continuer l'exploitation, et s'ils ne l'ont pas effectivement reprise, la déchéance pourra être prononcée par le Ministre des Travaux publics.

Cette déchéance prononcée, le Canal et toutes ses dépendances seront mises en adjudication ; il sera procédé ainsi qu'il est dit à l'article précédent.

Art. 24.

Les dispositions des trois articles qui précèdent cesseraient d'êtres applicables, et la déchéance ne serait pas encourue, dans le cas où les concessionnaires n'auraient pu remplir leurs obligations par suite de circonstances de force majeure régulièrement constatées.

L'obstruction, par des tubercules, des tuyaux établis pour la distribution de l'eau dans la ville de Cannes, sera considérée comme cas de force majeure ; néanmoins, la Compagnie devra remettre à ses frais les conduites en bon état, dans le plus bref délai possible.

Art. 25.

La contribution foncière sera établie en raison de la surface des terrains occupés par le Canal et ses dépendances. La cote en sera calculée conformément à la loi du 25 avril 1803.

Les bâtiments et magasins dépendant de l'exploitation du Canal seront assimilés aux propriétés bâties dans la localité et les concessionnaires devront également

payer toutes les contributions auxquelles ils pourront
être soumis.

Art. 26.

Des règlements d'administration publique, rendus
après que la Compagnie et les propriétaires auront été
entendus, détermineront les mesures et les dispositions
nécessaires pour assurer l'emploi et la distribution des
eaux, ainsi que la police et la conservation des eaux du
Canal dans toute son étendue, et des ouvrages qui en dépendent.

Art. 27.

Les concessionnaires seront tenus, en outre, de se
soumettre, en ce qui concerne les usines qui pourront
être établies sur le Canal et ses dérivations, à tous les
règlements d'eau que l'administration jugera convenable
de faire.

Ces usines ne pourront d'ailleurs être construites
qu'après en avoir obtenu une autorisation régulière de
l'autorité administrative, conformément aux lois et règlements qui régissent la matière, et à charge par les concessionnaires de ne porter aucun dommage aux irrigations.

Art. 28.

Pour indemniser les concessionnaires des travaux et
dépenses qu'ils s'engagent à faire par le présent cahier
des charges et sous condition expresse qu'ils en rempli-
ront exactement toutes les obligations, il leur est accordé,
et ce à dater du jour où le Canal sera reconnu susceptible
d'être mis en exploitation, l'autorisation de percevoir des
propriétaires qui voudront profiter du canal les redevances annuelles, telles qu'elles sont établies ci-après :

L'eau livrée quotidiennement pour les besoins des
services publics sera payée selon la convention à intervenir entre la Ville et la Compagnie.

Pour les consommations privées, le prix de l'eau à
livrer aux particuliers sera déterminé par les tarifs sui-
vants, lesquels pourront être réduits par la Compagnie.

Tarif du prix de l'eau d'irrigation et du prix de la force motrice.

QUANTITÉ DE LA FOURNITURE JOURNALIÈRE en litres par seconde ou par chevaux	PRIX par an
	FRANCS
o litre 5o centilitres	4o
1 litre	7o
2 litres	13o
Au dessus de 2 litres et par litre . . .	6o
100 litres par seconde tombant de 1 mètre de hauteur (unité de force)	15o
De 1 à 5 unités, par unité	15o
De 5 à 10 unités, par unité	100
De 10 à 20 unités, par unité.	8o
De 20 à 3o unités, par unité.	75

Chaque unité de force sera représentée par un volume d'eau de 100 litres par seconde, tombant d'une hauteur d'un mètre.

Au-dessus de 3o unités, la Compagnie traitera de gré à gré, sans que l'unité de force puisse dépasser soixante-dix francs.

Il ne sera pas accordé d'abonnement inférieur à 5o centilitres.

Il ne sera pas livré de force motrice inférieure à un cheval.

Tarif du prix de l'eau coulant d'une manière continue

QUANTITÉ DE LA FOURNITURE JOURNALIÈRE	PRIX par an
	FRANCS
100 litres	20
250 litres	30
500 litres	40
1 mètre cube	50
2 mètres cubes à 45 fr.	90
5 mètres cubes à 40 fr.	200
10 mètres cubes à 35 fr.	350
20 mètres cubes à 30 fr.	600
35 mètres cubes à 25 fr.	875
50 mètres cubes à 20 fr.	1.000
Chaque mètre cube en plus : 20 fr.	

Il ne sera pas accordé d'abonnement jaugé inférieur à 250 litres d'eau.

L'abonnement de 100 litres par appartement ne peut être concédé qu'à robinet libre et pour les besoins exclusifs du ménage.

Le premier mètre cube ne comportera pas d'autres divisions que celles indiquées ci-dessus.

Au-delà de 1 mètre cube il ne sera pas admis d'augmentation pour des quantités inférieures à 1 mètre cube.

Bases pour fixer les abonnements aux eaux par estimation et sans jaugeage.

DÉPENSE PAR JOUR :

Par personne domiciliée	20 litres.
Par ouvrier	5 —
Par cheval.	60 —
Par vache.	40 —

Par voiture à deux roues . . . . . . 40 litres.
Par voiture à quatre roues (1° de luxe). 80 —
— (2° de louage). 40 —
Par mètre carré d'allée, cour et jardin.. 3 —
Par boutique . . . . 150 —

DÉPENSE D'EAU PAR MINUTE PAR FORCE DE CHEVAL-VAPEUR :

1° Machine à haute pression . . o 50 centilitres.
2° Machine à détente et conden-
sation. . . . . 10 » litres.
3° Machine à basse pression . . 20 » —

PRIX A FORFAIT :

Par bain . . . . 10 centimes.

Ce prix sera calculé sur une moyenne de un bain et demi par jour et par baignoire affectée tant au service sur place qu'au service à domicile.

Sauf ce qui concerne les eaux périodiques d'irrigation et les forces motrices, les conventions à intervenir entre la Compagnie et les abonnés seront rédigées conformément au règlement en vigueur à Paris et annexé au décret impérial du 2 octobre 1860, lequel a été approuvé par l'administration municipale, sur la proposition de la Compagnie.

Toutefois, le droit à l'irrigation ou à l'usage domestique de l'eau et à la possession d'une force motrice devant suivre l'immeuble en quelque main qu'il passe, la Compagnie pourra stipuler une durée de cinquante ans pour les abonnements.

Les propriétés auxquelles s'appliquera l'usage de l'eau seront désignées dans les actes d'engagement.

ART. 29.

Les redevances dues par les propriétaires et usiniers pour usage des eaux seront payables par douzièmes, comme en matières de contributions publiques.

Les rôles seront dressés chaque année par la Compagnie et rendus exécutoires par un arrêté préfectoral.

Le recouvrement des taxes sera fait par un receveur désigné par la Compagnie.

Art. 3o.

Pour les eaux municipales et domestiques à distribuer dans la commune de Cannes, l'interruption momentanée de l'arrivée de l'eau dans les réservoirs, provenant des réparations, sera considérée comme cas de force majeure, ne donnant lieu à l'exercice d'aucun recours contre la Compagnie.

Si cependant ces travaux de réparations s'opposaient à l'alimentation des bornes-fontaines pendant plus de cinq jours consécutifs, la Compagnie serait, à titre d'indemnité, passible d'une retenue égale au prix de l'eau qui aurait dû être fournie pendant tout le temps qui excèdera cinq jours.

Les cinq jours de délai commenceraient à courir du moment où il aurait été donné, par écrit, avis par l'administration municipale, au représentant de la Compagnie, à Cannes, de l'interruption pouvant donner lieu à une retenue.

Art. 3i.

Les engagements définitifs des propriétaires pour usage des eaux seront donnés dans la forme qui sera arrêtée par le Ministre de l'Agriculture, du Commerce et des Travaux publics, sur la proposition de la Compagnie, et en ayant égard, autant que possible, aux conditions auxquelles les engagements provisoires des propriétaires ont été reçus.

Art. 32.

L'insuffisance temporaire des eaux et la suspension temporaire du service, dues à des accidents ou à la force majeure, seront constatées par l'administration.

Si, en temps d'étiage, le volume d'eau fourni par la Siagne se trouvait inférieur à celui qui est spécifié dans l'art. 5, les quantités attribuées aux usagers pourraient être temporairement réduites dans la même proportion que le volume total, et les redevances ne subiraient pour cela aucune diminution.

Il n'y aura pas non plus lieu à une diminution dans la redevance pour les eaux périodiques ou continues, en cas de suspension temporaire absolue résultant de circonstances de force majeure.

Toutefois, si l'insuffisance ou la suspension temporaire absolue des eaux périodiques ou continues durait plus de trente jours consécutifs, en dehors des temps d'étiage, il serait fait pour toute indemnité, une remise proportionnelle sur le montant de la redevance annuelle

Cette remise serait calculée, pour les eaux périodiques, en considérant le tarif annuel comme ne s'appliquant qu'à six mois et demi d'arrosage.

Si la suspension absolue des eaux périodiques durait pendant deux mois consécutifs, entre le 1er mai et le 1er septembre, il serait fait remise de la redevance entière de l'année, sans que les concessionnaires puissent être tenus à aucune autre indemnité ou dédommagement quelconque envers les propriétaires.

En cas de diminution ou de suspension temporaire dans le service des eaux des usines, il sera accordé aux propriétaires ou fermiers de ces usines une réduction de 75 centimes par jour, pour la suppression de chaque unité de force, représentée par un volume d'eau de 100 litres par seconde, tombant d'une hauteur de 1 mètre, lorsque cette diminution ou suspension aura été régulièrement constatée.

Les concessionnaires auront toutefois la faculté de mettre le Canal en chômage trente jours par an, en dehors de la saison d'irrigation, sans que les propriétaires ou fermiers d'usines puissent prétendre pour ce fait à aucun dédommagement ni à aucune diminution dans la redevance. Ce chômage aura lieu du 15 octobre au 15 novembre ou du 15 février au 15 mars.

Art. 33.

Les travaux à faire pour la fuite des eaux employées aux irrigations, à l'agrément ou à la mise en jeu des usines, seront à la charge des concessionnaires, mais les dommages de toutes sortes qui pourront résulter de l'emploi même de ces eaux resteront à la charge des usagers.

Art. 34.

Dans le cas où le Gouvernement ordonnerait ou autoriserait la construction des routes impériales, départementales ou vicinales, de canaux ou de chemins de fer qui traverseraient le Canal qui fait l'objet de la présente concession, les concessionnaires ne pourront mettre aucun obstacle à ces travaux ; mais toutes les précautions seront prises pour qu'il n'en résulte aucun empêchement à la construction ou au service dudit Canal, ni aucuns frais pour les concessionnaires.

Art. 35.

Les agents et gardes que les concessionnaires établiront, soit pour opérer la perception des droits, soit pour la surveillance ou la police du Canal et des ouvrages qui en dépendent, pourront être assermentés, et seront, dans ce cas, assimilés aux gardes champêtres.

Art. 36.

Les frais de visite, de surveillance et de réception des travaux, et les frais de contrôle de l'exploitation dus aux ingénieurs et conducteurs des Ponts-et-Chaussées seront supportés par les concessionnaires. Ces frais seront payés d'après les règlements qui en seront faits par le Préfet, conformément aux lois et règlements qui régissent la matière.

Art. 37.

La Compagnie sera tenue de faire élection de domicile à Cannes, et de faire choix d'un agent résidant dans cette Ville, chargé de recevoir, au nom de la Compagnie, les significations, notifications ou réquisitions et d'y répondre, et, dans les cas de non-élection, toute notification à eux adressée sera valable lorsqu'elle sera faite au secrétariat général de la préfecture des Alpes-Maritimes.

ART. 38.

Les contestations qui s'élèveraient entre les concessionnaires et l'Administration, au sujet de l'exécution et de l'interprétation du présent cahier des charges, seront jugées administrativement par le Conseil de préfecture du département des Alpes-Maritimes, sauf recours au Conseil d'Etat.

ART. 39.

Avant le décret de concession, la Compagnie devra verser à la caisse des consignations, ou au ministère des Finances, et à titre de cautionnement, une inscription de rente française 3 p. 100 de trois mille francs de rente.

Le cautionnement sera restitué à la Compagnie par tiers et proportionnellement à l'avancement des travaux du Canal principal.

ART. 40.

Les droits d'enregistrement sur les traités pour usage des eaux seront supportés par les souscripteurs.

II

DÉCRET DU 2 JUIN 1891,

Substituant la Société Lyonnaise des Eaux
et de l'Eclairage
à " The General Irrigation and Water supply
Company of France (Limited) "

Le Président de la République Française, sur le rapport du Ministre de l'Agriculture,

Vu le décret du 25 août 1866, concédant le Canal d'irrigation de la Siagne (Alpes-Maritimes), pendant cinquante ans, à la Compagnie anglaise "General Irrigation and Water supply Company of France, Limited" et, à perpétuité, ensuite, à la Ville de Cannes, ensemble la convention et le cahier des charges y annexés ;

Vu les actes authentiques passés le 21 août 1869 et le 2 octobre 1880, et aux termes desquels la Société Lyonnaise des Eaux et de l'Eclairage a été substituée à la Compagnie Anglaise, concessionnaire primitive dudit Canal ;

Vu la délibération, en date du 4 février 1891. par laquelle le Conseil d'Administration de la Société Lyonnaise accepte, sur la proposition du Ministre de l'Agriculture, l'insertion, à l'article 5 du cahier des charges annexé au décret du 25 août 1866, d'un paragraphe ainsi conçu :

« La Compagnie ne sera tenue de réduire sa prise
« d'eau, en exécution du paragraphe 2 du présent article,
« qu'après que la prise d'eau du canal de la Siagnole
« aura été ramenée à 300 litres.

Vu la délibération du 23 février 1891, aux termes de laquelle le Conseil municipal de la Ville de Cannes donne, également, son adhésion à l'insertion de la clause ci-dessus ;

Le Conseil d'Etat entendu,

Décrète :

Article 1er. — Est approuvée la substitution de la Société Lyonnaise des Eaux et de l'Eclairage à la Compagnie Anglaise "General Irrigation and Water supply Company of France, Limited"; concessionnaire primitive du Canal de la Siagne, conformément aux actes authentiques passés :

1° Le 21 août 1869, entre la Compagnie "General Irrigation and Water supply Company of France, Limited, et le Crédit Foncier d'Angleterre ;

2° Le 2 octobre 1880, entre le Crédit Foncier d'Angleterre et la Société Lyonnaise des Eaux et de l'Eclairage.

Article 2. — Est également approuvée l'addition, à l'article 5 du cahier des charges annexé au décret du 25 août 1866, relatif à la concession du dit Canal, d'un paragraphe ainsi conçu :

« La Compagnie ne sera tenue de réduire sa prise « d'eau en exécution du § 2 du présent article, qu'après « que la prise d'eau du Canal de la Siagnole aura été « ramenée à 300 litres.

Article 3. — Le Ministre de l'Agriculture est chargé de l'exécution du présent décret qui sera inséré, par extrait, au bulletin des lois.

Fait à Paris, le 2 juin 1891.

CARNOT.

Par le Président de la République,
Le Ministre de l'Agriculture.

Jules DEVELLE.

III

1902.

DÉCRET DU 14 OCTOBRE 1902.

Le Président de la République française,

Sur le rapport des Ministres de l'Agriculture et de l'Intérieur,

Vu le décret du 25 août 1866, portant déclaration d'utilité publique des travaux du canal de la Siagne et du Loup et approuvant la convention passée, le 21 août 1866, pour la concession de ce canal, entre le Ministre de l'Agriculture, du Commerce et des Travaux publics, d'une part ; le Maire de la Ville de Cannes, d'autre part ; et les sieurs Dussard, Sellier et Marshall, agissant au nom de la Compagnie Anglaise « General Irrigation and Water supply Company of France, Limited » d'autre part ;

Vu le cahier des charges annexé audit décret et notamment les dispositions ci-après :

« Art. 2, § 4. — Enfin, il (le canal) sera alimenté par une dérivation du Loup, ayant son origine près de Courmes, à un point qui sera ultérieurement fixé par l'administration et rejoignant le canal principal près de Grasse, après avoir desservi tout ou partie des territoires des communes du Bar, de Châteauneuf et de Grasse.

« Art. 6. — Le volume à dériver du Loup est fixé à 900 litres par seconde. Toutefois, la Compagnie devra toujours laisser au moins 300 litres dans le lit de cette rivière » ;

Vu le décret du 2 juin 1891 approuvant la substitution de la Société Lyonnaise des Eaux et de l'Éclairage à la Compagnie Anglaise susmentionnée ;

Vu les avant-projets présentés le 1er décembre 1897 et le 6 août 1900 par la Société Lyonnaise des Eaux et de l'Éclairage en vue de l'adduction d'une partie des sources du Loup, à Cannes, au moyen d'un canal maçonné et couvert aboutissant au partiteur de Nartassier et prolongé par des branches secondaires aboutissant aux réservoirs de la Croisette, des Filtres et de la Croix-des-Gardes ;

Vu les accords intervenus le 1er décembre 1897 entre la ville de Cannes et la Société Lyonnaise des Eaux et de l'Éclairage en vue de substituer à la dérivation du Loup, prévue par les dispositions ci-dessus reproduites du cahier des charges annexé au décret du 25 août 1866, le canal souterrain faisant l'objet de l'avant-projet susvisé ;

Vu les pièces de l'enquête d'utilité publique ouverte du 25 octobre au 26 novembre 1900, à la préfecture des Alpes-Maritimes et à la sous-préfecture de Grasse, sur l'avant-projet du 6 août 1900 : notamment l'avis de la Chambre de Commerce de Nice, en date du 19 novembre 1900, et l'avis de la Commission d'enquête, en date du 18 décembre 1900 ;

Vu les pièces de la conférence tenue les 24 avril, 28 mai et 1er juin 1901, entre le service des Eaux et Forêts et celui de l'Hydraulique agricole ; ensemble les observations et déclarations de la ville de Cannes et de la Société Lyonnaise des Eaux et de l'Éclairage des 4, 12, 13 avril et 6 mai 1901 ;

Vu les délibérations du Conseil municipal de Cannes, en date des 29 novembre 1897, 16 octobre 1899, 15 mai, 26 juin et 11 septembre 1902 ;

Vu la délibération du Conseil général des Alpes-Maritimes, en date du 23 août 1901 ;

Vu les rapports des Ingénieurs de l'Hydraulique agricole des 27 mai, 12 juin, 20 août, 7 décembre 1901 ;

Vu les lettres du Préfet des Alpes-Maritimes, des 18 octobre, 14 décembre 1901 ;

Vu l'avis du Comité consultatif d'Hygiène publique de France, en date du 4 novembre 1901 ;

Vu la décision du Ministre de l'Agriculture, du 8 février 1902 ;

Vu les avis du Ministre de l'Intérieur, en date des 28 février, 27 août 1902 ;

Vu la loi du 3 mai 1841 ;

Vu l'ordonnance du 18 février 1834 ;

Vu la loi du 7 avril 1902 ;

Le Conseil d'Etat entendu,

Décrète :

Art. 1er. — Sont approuvés les avenants à la convention et au cahier des charges annexés au décret susvisé du 25 août 1866, portant concession du canal d'irrigation de la Siagne et du Loup, lesdits avenants souscrits le 11 octobre 1902 par le Ministre de l'Agriculture, d'une part ; le Maire de Cannes, agissant au nom de cette Ville, d'autre part ; et le Directeur de la Société Lyonnaise des Eaux et de l'Éclairage, agissant au nom de cette Société, d'autre part.

Ces avenants resteront annexés au présent décret.

Art. 2.— Sont déclarés d'utilité publique les travaux à exécuter, conformément à l'avant-projet du 6 août 1900, par les soins et aux risques de la Société Lyonnaise des Eaux et de l'Éclairage en sa qualité de concessionnaire du canal de la Siagne et du Loup, à l'effet d'amener à Cannes les eaux des sources du Loup dites de Gréolières (amont et aval) et de Bramafan, au moyen d'un canal maçonné et couvert et de trois branches secondaires.

Ce canal sera substitué au canal de dérivation des eaux du Loup, déclaré d'utilité publique par le décret du 25 août 1866.

Art. 3. — Le volume d'eau dont la dérivation est autorisée est fixé à 700 litres par seconde sous les réserves ci-après :

1° Sur le débit de la source de Gréolières (amont) un volume de 15 litres au moins par seconde sera maintenu au cours de la rivière.

2° Il sera toujours laissé dans le lit du Loup, immédiatement en aval de la source de Bramafan, un volume d'eau d'au moins 5oo litres par seconde.

Art. 4. — Conformément aux engagements pris dans les avenants annexés au présent décret, la Ville de Cannes est substituée, en ce qui concerne les acquisitions de terrains, aux droits et obligations résultant pour l'administration de la loi du 3 mai 1841.

La Compagnie sera tenue de réparer par des indemnités reconnues légitimes les dommages résultant pour les tiers de l'exécution des travaux.

Art. 5. — La présente déclaration d'utilité publique sera considérée comme nulle et non avenue si les expropriations à effectuer pour l'exécution des travaux ne sont pas accomplies dans le délai de deux ans à partir de la date du présent décret.

Art. 6. — La Ville de Cannes (Alpes-Maritimes) est autorisée à emprunter, à un taux d'intérêt n'excédant pas 3 fr. 75 p. 100, une somme de 85o.ooo fr., remboursable en quarante ans, et destinée à pourvoir aux dépenses qu'elle a prises à sa charge par la convention ci-annexée.

L'emprunt pourra être réalisé, soit avec publicité et concurrence, soit de gré à gré, soit par voie de souscription publique, avec faculté d'émettre des obligations au porteur, ou transmissibles par endossement, soit directement auprès de la Caisse des dépôts et consignations, de la Caisse nationale des retraites pour la vieillesse ou du Crédit Foncier de France, aux conditions de ces établissements.

Les conditions des souscriptions à ouvrir ou des traités à passer seront préalablement soumises à l'approbation du Ministre de l'Intérieur.

Art. 7. — La même Ville est autorisée à s'imposer extraordinairement, pendant quarante ans à partir de 1903, 6 centimes additionnels au principal de ses quatre contributions directes, pour servir, concurremment avec un prélèvement annuel sur les recettes ordinaires, au remboursement de l'emprunt en capital et intérêts.

Art. 8. — Le Ministre de l'Agriculture et le Ministre de l'Intérieur sont chargés, chacun en ce qui le concerne, de l'exécution du présent décret.

Fait à Paris, le 14 octobre 1902.

ÉMILE LOUBET.

Par le Président de la République :

Le Président du Conseil, Ministre de l'Intérieur,

E. COMBES.

Le Ministre de l'Agriculture,

Léon MOUGEOT.

IV

TRAITÉ DU 11 OCTOBRE 1902

annexé au décret du 14 octobre 1902,
comprenant
un avenant à la convention du 21 août 1866
et un avenant au cahier des charges
annexé à la convention du 21 août 1866.

L'an mil neuf cent deux, le onze octobre,

Entre :

Le Ministre de l'Agriculture, agissant au nom de l'Etat, sous réserve de l'approbation des présentes par décret du Président de la République,

D'une part ;

Monsieur André Capron, Maire de la Ville de Cannes,

Stipulant au nom de ladite Ville et en vertu de la délibération du Conseil municipal en date du 11 septembre mil neuf cent deux,

D'autre part ;

Et la Société Lyonnaise des Eaux et de l'Eclairage, Société anonyme au capital de dix-huit millions de francs, dont le siège social est à Paris, 73, boulevard Haussmann, concessionnaire du Canal de la Siagne, représentée par M. Albert Petsche, son Directeur.

Agissant en vertu d'une délibération du Conseil d'Administration de ladite Société, en date du dix novembre mil huit cent quatre-vingt-dix-sept,

D'autre part ;

Il a été exposé ce qui suit :

Une convention, en date du 21 août mil huit cent soixante-six, intervenue entre l'Etat, la Ville de Cannes et la Société Anglaise dénommée " General Irrigation and Water supply Company of France, Limited", a concédé à la dite Compagnie, le Canal de la Siagne.

Depuis lors, la Société Lyonnaise des Eaux et de l'Eclairage a été substituée au concessionnaire primitif, et un décret du deux juin mil huit cent quatre-vingt-onze a ratifié cette substitution.

La convention du vingt-un août mil huit cent soixante-six porte, entre autres clauses, la stipulation suivante :

« Article 2. — Le Canal (canal de la Siagne) appar-
« tiendra :

« Pendant les cinquante premières années de son
« exploitation, à la Compagnie d'irrigation.

« A perpétuité, après ces cinquante premières années,
« à la Ville de Cannes.

« Article 3. — Elle (la Compagnie concessionnaire)
« supportera également seule, pendant les cinquante pre-
« mières années de .l'exploitation du canal. les frais
« d'administration, d'entretien, de réparations et tous
« ceux généralement quelconques résultant de son fonc-
« tionnement.

« Ces frais seront à la charge de la Ville après cin-
« quante ans.

« Article 5, — La Compagnie d'irrigation percevra,
« à son profit exclusif, pendant cinquante ans, les pro-
« duits du canal, redevances ou autres, sous quelque
« forme qu'ils se présentent.

« Les redevances qui seraient souscrites postérieu-
« rement à la mise en exploitation du canal, appartien-
« dront à la Compagnie, pendant cinquante ans, quelle
« que soit l'époque de la souscription.

« Après cinquante ans, les produits du canal ap-
« partiendront à la Ville de Cannes, et la Compagnie
« n'aura plus aucun droit de propriété ou d'immixtion,
« dans le canal ; elle n'aura aucune indemnité à recevoir
« de la Ville et sera, en même temps, déchargée de toutes
« obligations. »

Le cahier des charges annexé à la convention du vingt-un août mil huit cent soixante-six stipule ce qui suit :

« Article 2. — Ce nouveau canal aura son origine « sur la rivière de la Siagne, en amont de l'embouchure « de la Siagnole, à un point qui sera fixé, ultérieure- « ment, par l'Administration supérieure, lors de la pré- « sentation du projet définitif.

« ....

« Il comprendra aussi une dérivation de la Siagnole « établie de manière à conduire les eaux de ce cours « d'eau au-dessus de la prise dans la Siagne.

« Enfin, il sera alimenté par une dérivation du Loup, « ayant son origine près de Courmes, à un point qui sera « ultérieurement fixé par l'Administration, et rejoignant « le canal principal, près de Grasse, après avoir desservi « tout ou partie des territoires des communes du Bar, « de Châteauneuf et de Grasse.

« Article 5. — Le volume d'eau à dériver de la Siagne « et de la Siagnole est fixé à mille litres par seconde. Tou- « tefois, la Compagnie devra toujours laisser au moins « trois cents litres dans le lit de la Siagne.

« L'Administration se réserve le droit de prélever, « dans le département du Var, un volume d'eau de trois « cents litres par seconde, pour en faire l'objet d'une « concession spéciale.

« Article 6. — Le volume à dériver du Loup est fixé « à neuf cents litres par seconde. Toutefois, la Compagnie « devra toujours laisser au moins trois cents litres dans « le lit de cette rivière. »

L'Administration supérieure, usant de la faculté qu'elle s'était réservée par l'article 5 du cahier des charges, a concédé, dans le département du Var, par décret du quatorze juin mil huit cent soixante-dix, un canal dérivé de la Siagnole et l'a doté d'un débit de trois cents litres par seconde. Ultérieurement, dans le courant de l'année mil huit cent quatre-vingt-onze, elle a porté cette dotation à trois cent soixante-quinze litres par seconde.

Ces attributions successives ont réduit le débit disponible de la Siagnole au point que la dérivation de ce cours d'eau prévue au cahier des charges, pour parfaire l'alimentation du canal de la Siagne, peut ne plus présenter une utilité en rapport avec la dépense à faire.

D'un autre côté, la Commune de Grasse a été autorisée, par la loi du quatre août mil huit cent quatre-vingt-cinq, à dériver deux cents litres d'eau, par seconde, de la source du Foulon, dont le débit était, autrefois, reçu par le Loup. Il serait impossible, aujourd'hui, de prendre dans ce cours d'eau, les neuf cents litres prévus à l'article six du cahier des charges, et il y a lieu, par suite du prélèvement fait au profit de Grasse, de ramener à sept cents litres par seconde, le débit du canal dérivé du Loup. Enfin, les analyses microbiologiques exécutées par M. le Professeur Pouchet, au Laboratoire du Comité Consultatif d'Hygiène publique de France et par MM. Miquel et Lévy, au Laboratoire de l'Observatoire municipal de Montsouris, ont établi qu'il pouvait être dangereux de continuer à fournir, comme eau d'alimentation, de l'eau du canal de la Siagne, établi à découvert et pouvant être polluée par les eaux qui ruissellent, en temps de pluie, des terrains supérieurs. Les analyses ont établi, au contraire, qu'on assurerait une alimentation en eau parfaitement saine en exécutant le canal du Loup en conduite fermée, en l'alimentant non plus par une prise dans le cours d'eau, mais par une série de prises directes aux sources mêmes dont le débit réuni forme la rivière du Loup ; enfin, en faisant aboutir le canal au rapide de Nartassier, près Cannes, d'où l'eau des sources du Loup serait amenée, en restant toujours dans les conduites fermées, jusqu'aux points où elle serait consommée.

Le représentant de la Ville de Cannes ayant exprimé le désir que la Société concessionnaire du canal de la Siagne recherchât les moyens d'éviter les inconvénients que présente l'alimentation actuelle, le représentant de la Société Lyonnaise des Eaux et de l'Eclairage a déclaré qu'après étude de la question au point de vue technique et financier, la Société était prête à exécuter le canal du Loup en l'alimentant avec des eaux de source, moyennant un certain concours financier de la part de la Ville de Cannes et l'attribution de l'exploitation et de l'administration du canal de la Siagne, de ses canaux secondaires, du canal du Loup et de ses branches, jusqu'au trente-un décembre mil neuf cent quatre-vingt.

Le Ministre de l'Agriculture et le représentant de la Ville de Cannes ont adhéré à cette solution.

En conséquence, les parties ont arrêté, d'un commun accord, les dispositions suivantes :

Avenant à la Convention du 21 août 1866.

Article 1er. — La Société Lyonnaise s'oblige à établir, dans les conditions suivantes, le canal d'amenée des eaux de trois sources du bassin du Loup désignées sous les noms de sources de Gréolières (amont), de Gréolières (aval) et de Bramafan.

La Ville de Cannes versera à la Société Lyonnaise des Eaux et de l'Éclairage, en quatre termes semestriels proportionnés à l'avancement des travaux, une subvention montant à six cent mille francs.

En outre, la Ville de Cannes acquerra, à ses frais, risques et périls, toutes les susdites sources, tous les terrains de leur périmètre de protection et tous les terrains destinés à servir d'emplacement au canal, à ses branches, depuis le partiteur de Nartassier, jusqu'aux réservoirs actuels de la distribution et à ses dépendances, ainsi qu'au rétablissement des voies de communication

De tout ce qui précède, elle donnera, gratuitement, jouissance à la Société.

Moyennant ce concours de la Ville de Cannes, toutes

les dépenses à faire pour l'établissement du canal et de ses branches ci-dessus définies, à quelque titre que ce soit, seront supportées par la Société Lyonnaise des Eaux et de l'Éclairage, à ses risques et périls. Ces dépenses comprendront toutes les indemnités à payer, s'il y a lieu, aux usagers des eaux prises dans la rivière du Loup, pour des services agricoles ou industriels, ainsi que les indemnités pour occupations temporaires ou autres. La Société ne réclamera aucune indemnité pour la cession des terrains lui appartenant et qui pourraient être nécessaires pour l'établissement du canal des sources du Loup, de ses branches ou de leurs dépendances.

Art. 2. — Le Ministre de l'Agriculture, au nom de l'Etat, confère à la Société Lyonnaise des Eaux et de l'Éclairage, à partir de l'expiration de la période de cinquante ans déterminée par le premier paragraphe de l'article cinq de la convention du vingt-un août mil huit cent soixante-six, jusqu'au trente-un décembre mil neuf cent quatre-vingt, l'exploitation et l'administration du canal de la Siagne, de ses canaux secondaires, du canal des sources du Loup et de ses branches.

Art. 3. — La Ville de Cannes s'interdit d'établir, directement ou indirectement, aucune taxe sur l'eau jusqu'au premier janvier mil neuf cent quatre-vingt-un.

Art. 4. — La concession, accordée par décret du vingt-cinq août mil huit cent soixante-six, reste soumise à toutes les clauses et conditions de la convention du vingt-un août mil huit cent soixante-six et du cahier des charges annexé au décret de concession du vingt-cinq août mil huit cent soixante-six, en tant qu'il n'y est pas dérogé par le présent avenant à cette convention et par l'avenant au cahier des charges.

Art. 5. — Les frais de timbre et d'enregistrement de la présente convention et de l'avenant au cahier des charges qui y est annexé, seront à la charge de la Ville de Cannes.

Avenant au cahier des charges
annexé à la Convention du 21 août 1866.

Article 1er. — La Société Lyonnaise des Eaux et de l'Éclairage s'engage à exécuter, aux conditions fixées par le traité en date du onze octobre mil neuf cent deux, un canal d'amenée d'eau de sources du bassin du Loup. Ce canal, substitué à la dérivation du Loup, prévue à l'article 2 du cahier des charges primitif, sera alimenté, exclusivement, par de l'eau des sources dites d.: Gréolières — amont et aval — et de Bramafan, qui seront mises à la disposition de la Compagnie concessionnaire, par la Ville de Cannes.

Le canal aura son origine près de Gréolières et aboutira au partiteur de Nartassier, après avoir franchi les cols du Pré du Lac et de la Trinité et traversé les territoires des communes de Gréolières, Cipières, Courmes, Gourdon, Le Bar, Châteauneuf, Grasse, Mouans et Mougins.

Du partiteur de Nartassier, les eaux de sources du bassin du Loup seront amenées, à couvert, aux réservoirs qui font partie de la distribution d'eau.

Art. 2. — Le nouveau canal devra, sauf le cas de force majeure, être entièrement terminé et mis en état d'être exploité dans un délai de deux ans à partir du jour où les sources de Gréolières et de Bramafan et où les terrains auront été mis à la disposition de la Société Lyonnaise des Eaux et de l'Éclairage.

Ce canal est expressément substitué à la dérivation du Loup, prévue à l'article 2, paragraphe 4 et à l'article 6 du cahier des charges du vingt-un août mil huit cent soixante-six.

En conséquence, la Société ne pourra pas être tenue d'exécuter cette dernière dérivation.

Art. 3. — La Compagnie amènera, à Cannes, des eaux à l'abri de toute souillure Les captages seront couverts. La section du canal sera fermée et devra être calculée de manière à pouvoir amener, au partiteur de Nartassier, sept cents litres d'eau à la seconde.

La Société ne sera, d'ailleurs, point responsable des diminutions de débit qui résulteraient de la réduction du rendement des sources qui auront été mises à sa disposition.

La Société et, après elle, la Ville de Cannes, seront tenues :

1° De prélever, pour être déversé dans le lit du Loup, un volume d'eau de quinze litres par seconde ;

2° De verser, dans la caisse de l'Etat, une somme de deux mille francs pour la création, par le service des Eaux et Forêts, de frayères artificielles et autres travaux en vue de la multiplication du poisson ;

3° De payer une contribution annuelle de deux cents francs qui sera employée à l'entretien des dits travaux et au repeuplement artificiel du Loup.

Art. 4. — La Compagnie concessionnaire ne pourra faire aucune substitution de l'eau de la Siagne à l'eau du Loup, sans l'autorisation de la municipalité et sans avoir, au préalable, donné avis aux habitants.

L'eau de la Siagne ne pourra, d'ailleurs, être substituée à l'eau du Loup que lorsqu'un cas de force majeure nécessitera l'interruption du service des eaux du Loup.

Cependant la Société Lyonnaise des Eaux et de l'Éclairage se réserve la faculté de substituer ultérieurement l'eau de la Siagne à l'eau du Loup pour les usages *autres* que *l'alimentation* domestique.

Cette réserve devra être explicitement formulée dans les contrats d'abonnement, notamment dans ceux prévus à l'article neuf.

Art. 5. — Si, en temps d'étiage, le volume des eaux de sources du Loup se trouvait inférieur à sept cents litres par seconde, les quantités attribuées aux usagers pourraient, temporairement, être réduites dans la même proportion que le volume total, et les redevances ne subiraient, pour cela, aucune diminution.

Art. 6. — Un maximum de cinq mille mètres cubes d'eau par jour, sera affecté aux besoins des services publics de la Ville de Cannes.

En outre, la Société mettra, par jour, à la disposition de la Ville, si celle-ci le désire, à partir de la mise en service du canal du Loup, jusqu'à concurrence de sept mille mètres cubes d'eau du canal de la Siagne, à prendre sur les branches à découvert de ce canal.

Resteront à la charge de la Ville toutes les canalisations, appareils ou réservoirs à établir pour utiliser ces eaux de la Siagne.

Les eaux de toute nature livrées à la Ville de Cannes, jusqu'à concurrence de douze mille mètres cubes par jour, seront payées à raison de deux francs par mètre cube et par an.

Art. 7. — La Société concessionnaire du canal de la Siagne ne pourra être tenue d'exécuter la dérivation de la Siagnole, concédée par la convention du vingt-un août mil huit cent soixante-six, qu'autant que le volume d'eau pris à la Siagne sera complètement employé, et après qu'il aura été constaté que la dérivation en question pourra être effectivement dotée d'un débit de cent litres par seconde, à l'étiage minimum.

Art. 8. — Jusqu'au trente-un décembre mil neuf cent quatre-vingt, la Société Lyonnaise percevra, à son profit exclusif, tous les produits, sans exception, de tous les canaux. redevances ou autres sous quelque forme qu'ils se présentent.

Jusqu'à la même date, la Société supportera, seule, les frais d'administration, d'entretien,. de réparations et tous ceux généralement quelconques résultant du fonctionnement des canaux.

A dater du premier janvier mil neuf cent quatre-vingt-un, tous ces frais seront à la charge de la Ville de Cannes, à laquelle appartiendront, par contre, à partir de la même date, tous les produits mentionnés au 1er paragraphe du présent article ; la Société n'aura plus aucun droit d'immixtion dans les canaux ou leurs dépendances ; elle n'aura plus aucune indemnité à recevoir de la Ville et sera, en même temps, déchargée de toutes obligations.

Art. 9. — A dater du jour où le traité signé le onze octobre mil neuf cent deux, sera devenu définitif par l'approbation des pouvoirs compétents, la Société concessionnaire sera tenue de consentir des abonnements d'une durée minima de cinq ans, pour les eaux continues.

Art. 10 — Les tarifs prévus à l'article vingt-huit du cahier des charges restent expressément en vigueur, tant pour Cannes que pour les autres communes, jusqu'au trente un décembre mil neuf cent quatre-vingt. La Société conserve la faculté, mentionnée au dit article, de réduire les tarifs.

Lu et approuvé l'écriture ci-dessus. A. PETSCHE	Lu et approuvé l'écriture ci-dessus. A. CAPRON.

Vu et approuvé,

Le Ministre de l'Agriculture,

Léon MOUGEOT.

V

LETTRE DU 17 NOVEMBRE 1902,

de la Société Lyonnaise des Eaux et de l'Éclairage
à M. le Maire de la Ville de Cannes.

SOCIÉTÉ LYONNAISE
des
EAUX & DE L'ÉCLAIRAGE
Société Anonyme
Capital : Dix-huit Millions
—
SIÈGE SOCIAL :
73, Boulevard Haussmann
PARIS (VIIIᵉ Arrᵗ)

Paris, le 17 Novembre 1902.

Monsieur le Maire,

J'ai l'honneur de vous confirmer la déclaration suivante, que le Conseil de notre Société m'a autorisé à vous faire :

« La Société concessionnaire déclare qu'elle inter-
« prète, de la manière indiquée ci-après, le texte de l'ar-
« ticle IV :

« La Société concessionnaire ne pourra faire, dans
« Cannes, aucune substitution de l'eau de la Siagne à
« l'eau du Loup, sans l'autorisation de la municipalité et
« sans avoir, au préalable, donné avis aux habitants.

« L'eau de la Siagne ne pourra, d'ailleurs, être subs-
« tituée à l'eau du Loup, avec l'autorisation dont il vient
« d'être parlé, que d'une façon temporaire, dans le cas,
« seulement, où l'interruption du service des eaux du
« Loup serait nécessitée par un cas de force majeure,
« c'est-à-dire par un de ces évènements purement acci-
« dentels qui ne peuvent être ni prévus ni empêchés.

« Cependant, la Société Lyonnaise se réserve la
« faculté de substituer, ultérieurement, l'eau de la Sia-
« gne à l'eau du Loup, pour les usages autres que l'ali-

« mentation domestique, mais elle ne pourra pas se
« servir, à cet effet, des canalisations employées pour la
« distribution des eaux du Loup, de façon que jamais, en
« aucun cas et sur aucun point, sauf dans les cas prévus
« aux deux premiers paragraphes de la présente déclara-
« tion, les eaux de la Siagne et les eaux du Loup puis-
« sent être mélangées ».

Veuillez agréer, Monsieur le Maire, l'assurance de
nos sentiments les plus distingués.

Le Directeur,

A. Petsche.

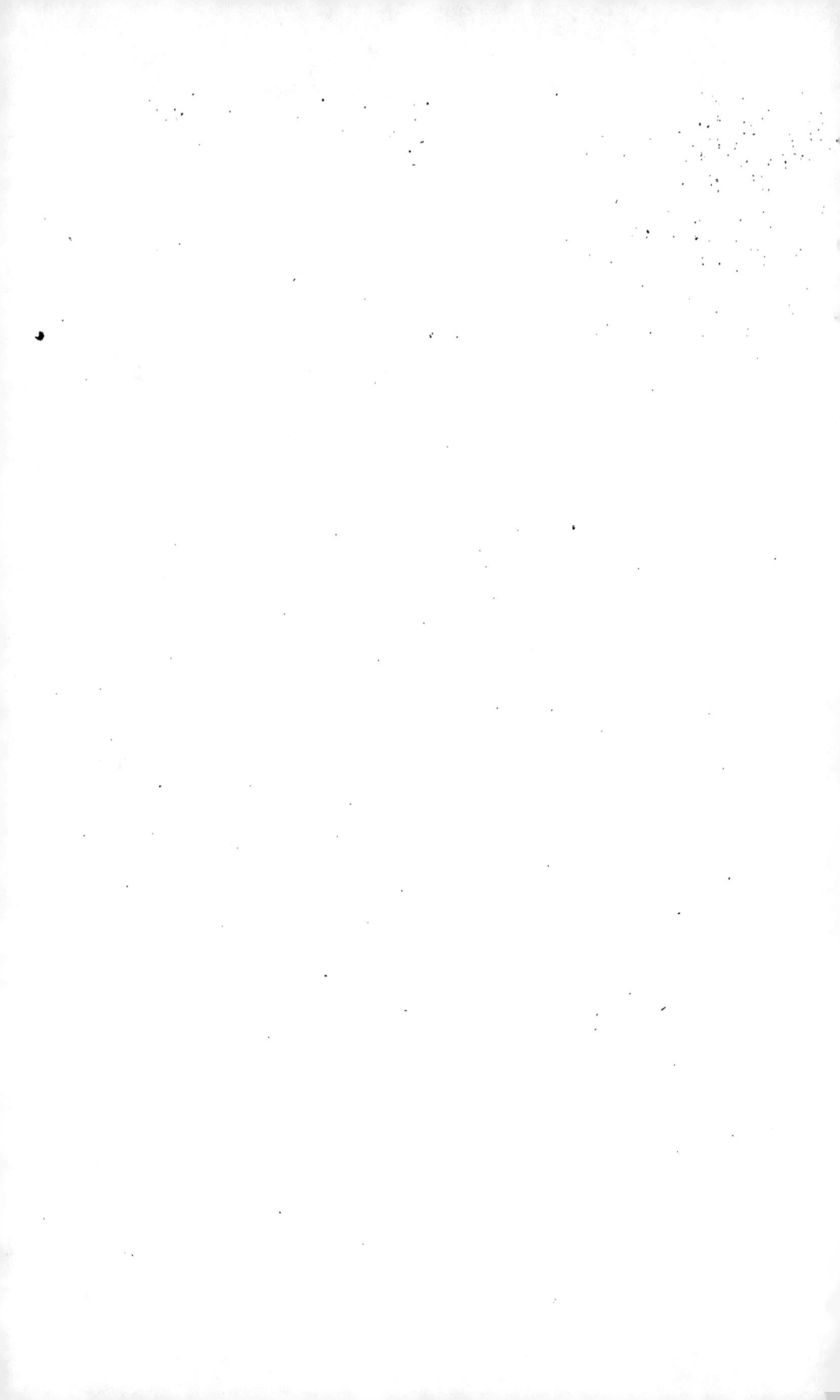

www.ingramcontent.com/pod-product-compliance
Lightning Source LLC
Chambersburg PA
CBHW050549210326
41520CB00012B/2775